Mi vida con Ceguera

escrito por **Mari Schuh** • arte por **Isabel Muñoz**

AMICUS ILLUSTRATED y AMICUS INK
son publicaciones de Amicus
P.O. Box 227, Mankato, MN 56002
www.amicuspublishing.us

Edición: Gillia Olson
Diseño: Kathleen Petelinsek

Library of Congress Cataloging-in-Publication Data

Names: Schuh, Mari C., 1975- author. | Muñoz, Isabel, illustrator.
Title: Mi vida con ceguera / by Mari Schuh ; illustrated by Isabel Muñoz.
Other titles: My life with blindness. Spanish
Description: Mankato, Minnesota : Amicus illustrated, [2021] | Series: Mi
vida con... | Audience: Ages 6-9 | Audience: Grades 2-3 | Summary:
"North American Spanish translation of My Life With Blindness. Meet
Kadence! She loves to bake cookies and hang out with friends. She's also
partly blind. Kadence is real and so are her experiences. Learn about
her life in this illustrated narrative nonfiction picture book for
elementary students"-- Provided by publisher.
Identifiers: LCCN 2019050225 (print) | LCCN 2019050226 (ebook) | ISBN
9781645492009 (library binding) | ISBN 9781681527291 (paperback) | ISBN
9781645492269 (pdf)
Subjects: LCSH: Blind children--United States--Biography--Juvenile
literature. | Blindness in children--Juvenile literature. | Vision
disorders in children--Juvenile literature.
Classification: LCC HV1596.3 .S3718 2021 (print) | LCC HV1596.3 (ebook) |
DDC 362.4/1092 [B]--dc23
LC record available at https://lccn.loc.gov/2019050226
LC ebook record available at https://lccn.loc.gov/2019050226

Impreso en Estados Unidos de América

Para Kadence y su familia —MS

Se agradece al personal de la Academia Estatal para Ciegos de
Minnesota por la ayuda prestada para realizar este libro.

Acerca de la autora
El amor que Mari Schuh tiene por la lectura comenzó con
cajas de cereales en la mesa de la cocina. Hoy en día es
autora de cientos de libros de no ficción para lectores
principiantes. Con cada libro, Mari espera ayudar a los niños
a aprender un poco más sobre el mundo que los rodea. Obtén
más información sobre ella en www.marischuh.com.

Acerca de la ilustradora
El sueño de Isabel Muñoz era poder ganarse la vida
pintando, y ahora la enorgullece ser la ilustradora de varios
libros infantiles. Isabel trabaja en un estudio ubicado en
un encantador pueblito nuboso, con mucho verde, del
norte de España. Puedes seguirla en isabelmg.com

¡Hola! Me llamo Kadence. Soy niño como tú. Apuesto a que tenemos diferencias y similitudes. ¡Tengo el cabello castaño y me encanta nadar! También estoy parcialmente ciega.
Te contaré un poco sobre mi vida.

Tengo una enfermedad rara llamada retinosis pigmentaria. Afecta a la parte posterior de mis globos oculares. Veo la mayoría de las cosas frente a mí. No puedo ver nada a mi izquierda ni a mi derecha. Cuando sea mayor, perderé más la vista.

Me encanta hornear. Para una persona ciega, es más difícil buscar cosas. En mi cocina, todos los ingredientes están en su lugar. Mi familia pone las cosas exactamente donde tienen que ir. Puedo encontrar fácilmente lo que necesito.

Leo las palabras que están en letra grande porque no puedo ver las palabras escritas en letra más pequeña. A veces escucho audiolibros. También leo braille. Las letras y palabras en braille están hechas de puntos en relieve. Siento los puntos con la punta de los dedos.

EL LIBRO de COCINA en LETRAS GRANDES

EL AMOR ES

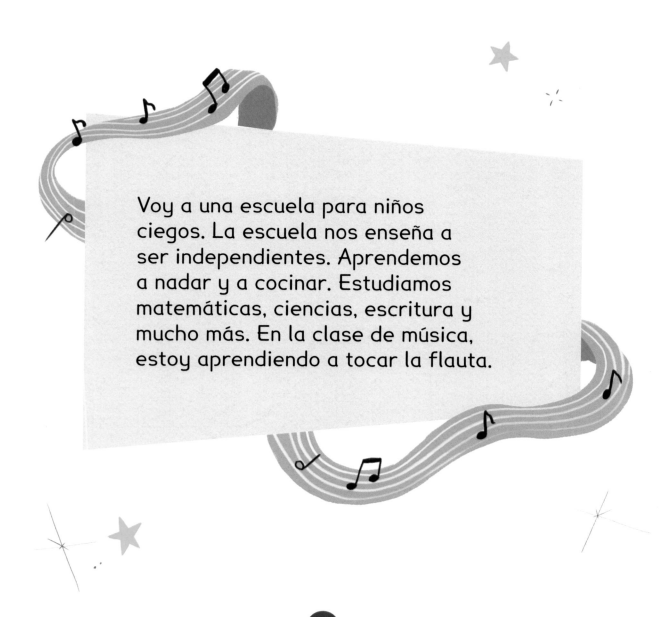

Voy a una escuela para niños ciegos. La escuela nos enseña a ser independientes. Aprendemos a nadar y a cocinar. Estudiamos matemáticas, ciencias, escritura y mucho más. En la clase de música, estoy aprendiendo a tocar la flauta.

Hay muchos tipos diferentes de la ceguera. Son muy pocas las personas ciegas que no ven nada en absoluto. Liam va a mi escuela. Él ve la luz. Mi amigo Harper ve colores y formas.

Algunas personas pueden nacer ciegas. O pueden quedar ciegos cuando van creciendo, como yo.

Así se ve el mundo
según Liam

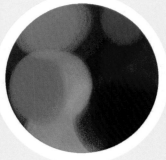

Así es cómo Harper
ve el mundo

Algunos días jugamos al golbol en el gimnasio.
Todos tratamos de meter la pelota en el arco.
Llevamos sombreadores de ojos para que
nadie pueda ver en absoluto.

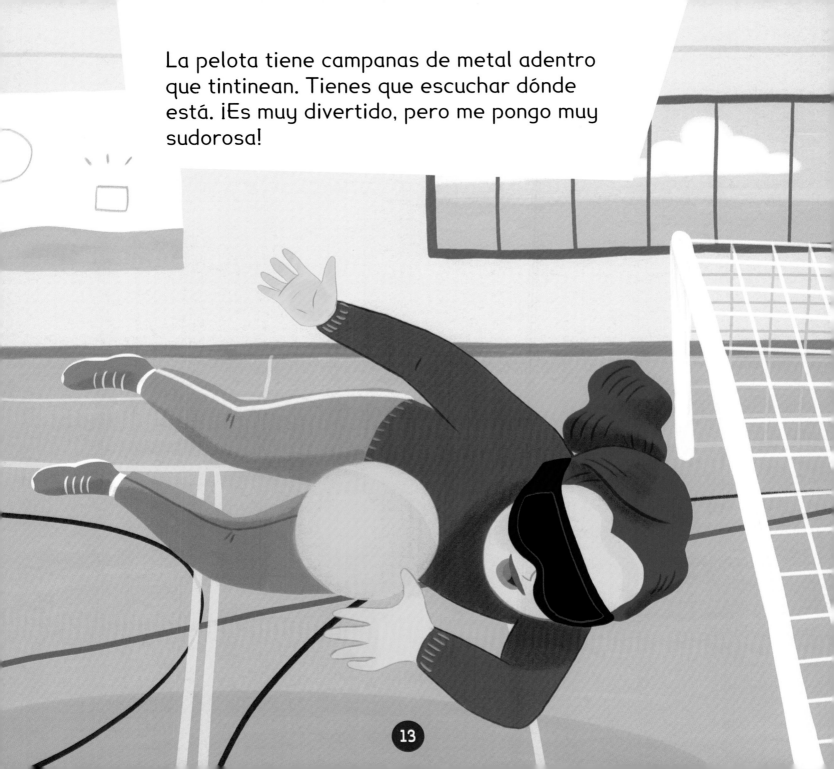

La pelota tiene campanas de metal adentro que tintinean. Tienes que escuchar dónde está. ¡Es muy divertido, pero me pongo muy sudorosa!

13

14

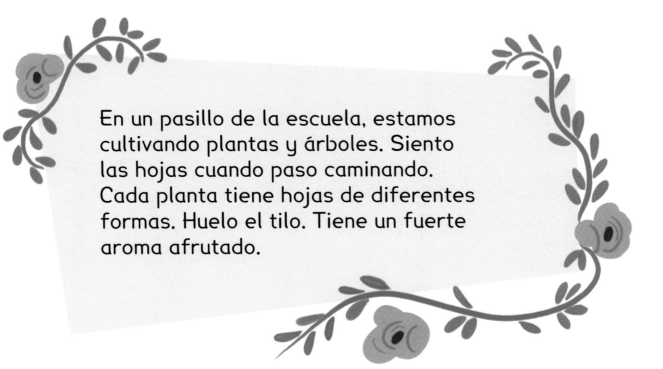

En un pasillo de la escuela, estamos cultivando plantas y árboles. Siento las hojas cuando paso caminando. Cada planta tiene hojas de diferentes formas. Huelo el tilo. Tiene un fuerte aroma afrutado.

Ayer, mi clase realizó una excursión para comprar pizza. Utilizamos nuestros bastones para encontrar nuestro camino y mantenernos a salvo. Escuchamos los autos. Los baches en la banqueta nos dicen que estamos cerca de la calle. Los semáforos con sonido nos avisaban cuando era seguro cruzar la calle.

Uso mi bastón solo cuando
lo necesito, como cuando
voy a lugares nuevos.
Algunos de mis amigos usan
sus bastones en la escuela.
Otros no. Puse algunos
llaveros en mi bastón para
que todos sepan que es mío.
El bastón de mi amiga Lily
tiene pompones esponjosos.

¿Ves ese perro? No es una mascota. Es un perro lazarillo. Algunos estudiantes mayores los tienen. Los perros lazarillos guían a sus dueños de manera segura mientras caminan.

¡Hoy hace buen tiempo! Mis amigos y yo fuimos al parque. Llevo lentes de sol porque la luz del sol me hace doler los ojos. ¡Pero eso no me impide jugar y divertirme afuera!

21

Conoce a Kadence

Respeto por las personas ciegas

¡Hola! Me llamo Kadence. Asisto a la Academia Estatal para Ciegos de Minnesota que se encuentra en Faribault. En la escuela, me divierto estudiando. También aprendo cosas nuevas, como por ejemplo, cómo usar mi bastón y cómo leer braille. Cuando no estoy en la escuela, me gusta cocinar, hornear y nadar. También me encanta coser y dibujar. También me gusta salir con mi familia. Mi familia es grande. ¡Tengo ocho hermanos!

Habla con amabilidad y respeto cuando te dirijas a una persona ciega, como lo haría con cualquier persona. Mira a la persona ciega cuando le estés hablando. Préstale atención.

No toques a una persona ciega sin motivo. Sé respetuoso con ellos y su espacio.

Si necesitas llamar la atención de una persona ciega, tócale suavemente el hombro.

No toques ni tomes el bastón de una persona ciega. Les pertenece.

Pide permiso antes de tocar a un perro lazarillo. Los perros lazarillo son perros de trabajo, no mascotas. Necesitan concentrarse en su trabajo.

No cambies de lugar las cosas de una persona ciega. Ellos ya saben dónde está todo.

Antes de ayudar a una persona ciega, primero pregúntale si necesita ayuda. Las personas ciegas son independientes. Pueden hacer la mayoría de las cosas por sí mismas.

Términos útiles

audiolibro Una grabación de una persona que lee un libro en voz alta.

braille Sistema de escritura e impresión que utiliza puntos en relieve; muchas personas ciegas leen braille; sienten los puntos en relieve con la punta de los dedos.

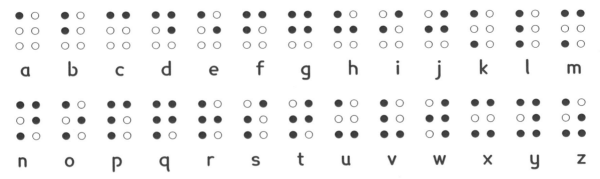

bastón Una vara que las personas ciegas pueden usar para comprobar por dónde caminan.

perro lazarillo Un perro entrenado para guiar y ayudar a las personas ciegas.

letra grande Con letras que son más grandes de lo habitual y son más fáciles de leer para alguien que tiene dificultades para ver.

retinosis pigmentaria Un trastorno en el que las células de la parte posterior del ojo se rompen; causando pérdida de visión alrededor de los bordes del campo visual de una persona y eventualmente llevando a la ceguera.